# SOURIEZ,
# VOUS ÊTES FRANÇAIS

## DU MÊME AUTEUR

*Essais*

ÉLÉMENTS DE POLITIQUE ÉCONOMIQUE : L'EXPÉRIENCE FRANÇAISE DE 1945 À 1984, Privat, 1985.

DES ÉCONOMISTES AU-DESSUS DE TOUT SOUPÇON OU LA GRANDE MASCARADE DES PRÉDICTIONS, Albin Michel, 1990.

LES SEPT PÉCHÉS CAPITAUX DES UNIVERSITAIRES, Albin Michel, 1991.

SAINT JACQUES DELORS, ARTISTE ET MARTYR, Albin Michel, 1993.

PARLONS POGNON, MON PETIT, Syros, 1994.

AH DIEU ! QUE LA GUERRE ÉCONOMIQUE EST JOLIE !, Albin Michel, 1998, coécrit avec Philippe Labarde.

KEYNES OU L'ÉCONOMISTE CITOYEN, Presses de Sciences Po, 1999.

LETTRE OUVERTE AUX GOUROUS DE L'ÉCONOMIE QUI NOUS PRENNENT POUR DES IMBÉCILES, Albin Michel, 1999.

LA BOURSE OU LA VIE. *La grande manipulation des petits actionnaires*, Albin Michel, 2000, coécrit avec Philippe Labarde.

MALHEUR AUX VAINCUS. *Ah, si les riches pouvaient rester entre riches*, Albin Michel, 2002, coécrit avec Philippe Labarde.

ANTIMANUEL D'ÉCONOMIE. *1. Les fourmis*, Bréal, 2003.

ANTIMANUEL D'ÉCONOMIE. *2. Les cigales*, Bréal, 2006.

GOUVERNER PAR LA PEUR, Fayard, 2007, avec Leyla Dakhli, Roger Sue, Georges Vigarello.

PETITS PRINCIPES DE LANGUE DE BOIS ÉCONOMIQUE, Bréal, 2008.

CAPITALISME ET PULSION DE MORT, Albin Michel, 2009, coécrit avec Gilles Dostaler.

MARX, Ô MARX, POURQUOI M'AS-TU ABANDONNÉ ?, Les Échappés, 2010 ; Flammarion, 2012.

PLAIDOYER (IMPOSSIBLE) POUR LES SOCIALISTES, Albin Michel, 2012.

JOURNAL D'UN ÉCONOMISTE EN CRISE, Les Échappés, 2013.

L'HOMME DANS LA GUERRE. *Maurice Genevoix face à Ernst Jünger*, Grasset, 2013.

HOUELLEBECQ ÉCONOMISTE, Flammarion, 2014.

ET SI ON AIMAIT LA FRANCE, Grasset, 2015.

*Romans*

PERTINENTES QUESTIONS MORALES ET SEXUELLES DANS LE DAKOTA DU NORD, Albin Michel, 1995.

L'ENFANT QUI VOULAIT ÊTRE MUET, Albin Michel, 2003.

LE JOURNAL, Albin Michel, 2005.

# BERNARD MARIS

# SOURIEZ,
# VOUS ÊTES FRANÇAIS

BERNARD GRASSET
FRANCE INTER

# Nos vendredis matins

« Le travail du dimanche me révolte. Je comprends les arguments que va me sortir Dominique : ça crée des emplois. D'abord, ce n'est même pas sûr (...) Et puis les mines anti-personnel aussi ça crée des emplois, la déforestation, ça crée des emplois, la guerre, les pesticides ça crée des emplois ! Quand j'entends tout cela, je sors ma *Princesse de Clèves* (...). Que le dimanche, les Français dorment ! (...) Je suis contre pour des raisons philosophiques, culturelles et morales. Tout cela c'est l'obsession d'acheter, d'acheter, d'acheter, on vous dit levez-vous pour acheter. Eh bien le dimanche dormez, regardez votre femme, votre compagnon (...). Que les Français puissent se reposer (...) penser, réfléchir. »

Qui dira qu'il n'a pas entendu, en lisant ces lignes, la voix chantante – mais énervée ce jour-là – de Bernard Maris ? C'est quasiment le dernier échange que nous avons eu, au tournant des années 2014 et 2015, à l'occasion du « débat éco » du vendredi matin au cours de la Matinale de Patrick Cohen – quelques jours, donc, avant l'attentat terroriste de *Charlie*. Auparavant, il y en avait eu environ trois cents, ce qui n'est pas rien, et les auditeurs n'ont jamais cessé d'aimer cet économiste tellement pédagogue et drôle à qui France Inter a largement ouvert son antenne. Ce débat rituel, je l'ai bien sûr aimé aussi, beaucoup, vraiment beaucoup. Si nous étions d'accord sur peu de choses en économie et en politique, nous nous retrouvions au moins sur deux points et probablement plus en réalité. Dans la forme, un peu d'humour et de chaleur sur les sujets sérieux ne nuit pas. Sur le fond, il importe de lutter contre la certitude d'avoir raison.

L'envolée de Bernard Maris sur – enfin, contre... – le travail le dimanche résume son état d'esprit, que l'on retrouve si bien dans ces chroniques que Laurence Bloch, la directrice d'Inter, a décidé de rediffuser l'été 2015. Ces dernières années, son regard s'était élargi bien au-delà de l'économie, vers l'histoire, la sociologie, la philosophie. Les chemins de traverse l'intéressaient plus que la seule voie économique – ce qui en faisait un débatteur redoutable ! Et puis surtout, il avait décidé de prendre le contrepied du pessimisme général ambiant et de lancer la contre-attaque parce que, estimait-il, les Français ont besoin de sourire, de retrouver de la fierté et après tout, ils ont toutes les raisons pour cela. Le succès rencontré par son livre posthume, *Et si on aimait la France*, montre qu'il a touché juste.

À la lecture de cet ouvrage-ci, chacun verra que derrière le sourire et le deuxième degré du « bonjour les assistés de ce merveilleux pays soviétique » ou du « bonjour les planqués de la ligne Maginot » qui paraissent foutraques, Bernard Maris déploie une réflexion sur le modèle social. Sur ses avantages mais aussi ses difficultés. Comme il invite à la réflexion sur nombre de nos paradoxes. Celui-ci, si vrai : les Français « aiment les intellectuels qui n'aiment pas le libéralisme. Pourquoi ? ». Cet autre : les Français sont « protectionnistes en parole et libéraux dans les faits ». Ce dernier : les entreprises françaises sont en compétition entre elles, « se tirent la bourre » (!) alors que d'autres grands pays, la Chine ou l'Allemagne, sont « coopératifs à l'intérieur et compétitifs à l'extérieur ». On pourrait continuer la liste. Mais on s'en voudrait de ne pas conclure avec deux perles (pas dans le sens de celles dont on se moque, plutôt celles que l'on veille à ne pas perdre). « Il est difficile de trouver plus benêt et nigaud qu'un économiste » et « un pays où les affaires se font surtout pendant le déjeuner de midi ne peut pas être tout à fait mauvais » !

Bonne lecture.

Dominique Seux

# Préface

À une époque, il n'y a pas si longtemps, où je pensais que mon père avait moins d'attaches à Paris, j'ai cherché à le convaincre de revenir s'installer près de nous. Sa mère, son fils Raphaël, qui était redescendu dans le sud, ses petits-enfants, moi, tous, nous attendions qu'il revienne. Je lui parlais d'une maison, dans la campagne toulousaine. J'imaginais le Lauragais, ou pourquoi pas, un peu plus loin, l'Aude ou l'Ariège. Un endroit où nous nous retrouverions le week-end, avec un jardin pour son chat et une balançoire pour les enfants. Un endroit où il pourrait écrire, ne rien faire d'autre qu'écrire et lire, et s'entraîner au golf, aussi, entre deux chapitres. Charmant tableau. Il était presque convaincu. Presque.

Une des raisons pour lesquelles il hésitait à quitter Paris, c'était la radio.

Il aimait vraiment ça, la radio : les débats, ses chroniques. Il n'avait pas envie de se priver de ce plaisir. Cette ambiance particulière lui plaisait. Il me parlait de ses collègues journalistes, techniciens, de ceux qui cherchent les illustrations sonores, des assistants, des réalisateurs. De tous ces gens qui faisaient qu'à une certaine heure, le vendredi et le samedi, en direct, le plus souvent, on entendait sa voix. Il avait été très heureux de ces chroniques estivales, « la France au milieu du gué ». Je me souviens de son coup de téléphone et de sa gaieté, quand il m'avait évoqué ce projet : « Je pense à une histoire sociale de la France. »

Peut-être avait-il le trac. Il ne me l'a jamais dit. Pourtant, quand je lui rendais visite, je l'entendais répéter, le matin tôt, à travers la cloison qui séparait ma chambre de son bureau. Je n'entendais pas ce qu'il disait, mais je reconnaissais à son ton qu'il travaillait sa chronique : il avait un sourire dans la voix qu'il réservait à la radio. Il disait son texte deux ou trois fois, puis partait pour la Maison de la Radio, en vélo, et je me rendormais, en attendant qu'il revienne avec du pain et des croissants.

Ensuite, on jouait les touristes, pour quelques heures (musée Guimet, Marmottan, Sainte-Chapelle, maison de Victor Hugo, Père-Lachaise, Saint-Denis...). Un déjeuner dans une brasserie et il se remettait au travail. Il retournait toujours très vite à sa tâche. Je ne me souviens pas d'un jour passé avec lui, sans qu'il écrive, ou lise, prenant des notes dans la marge. En lisant, aujourd'hui, les épreuves de ces chroniques, c'est cette image qui me vient de lui.

Je remonte le temps (comme j'aimerais que ce soit possible) et je le vois, toujours le même, concentré, penché sur sa table, une main dans les cheveux. Il est à Paris, entouré de livres, dans son grand fauteuil, son chat sur une chaise à côté de lui. En Normandie, à son immense bureau anglais, posé en plein milieu de l'appartement. À la montagne (à contre-jour), dans la chambre de sa jeunesse, des papiers tout autour de lui. En Espagne, face à la mer éblouissante, entassant dans un coin livres et cahiers quand vient l'heure du repas. À Toulouse, fenêtres ouvertes sur le jardin avec mon chat, cette fois, presse-papier somnolant dans la chaleur de la lampe.

Et déjà, dans la pénombre de ma chambre d'enfant : j'ai trois ou quatre ans et, dans notre petit appartement, son bureau est dans ma chambre. J'ouvre les yeux dans un demi-sommeil, et il est là, le dos tourné. Un jeune homme, écrivant dans une toute petite lumière qui ne doit pas me réveiller.

Gabrielle Maris Victorin

Bonjour à tous, bonjour chers assistés, bonjour les patrons qui prennent des risques et bonjour les rentiers, les planqués, les gens de l'arrière, les salariés, ceux qui ignorent la compétition,

La France est-elle « ce magnifique pays d'assistés » ? C'est en tout cas ainsi que nous voit *The Guardian* de Londres dans un article de Polly Toynbee repris par *Courrier international* le 28 avril 2011. Pays de fonctionnaires, de retraités, de profiteurs de l'État-providence. Certes, *The Guardian* reconnaît que grâce au système de Sécurité sociale il y a moins d'écart entre les riches et les pauvres en France qu'au Royaume-Uni ; mais ce système de providence étatique diminue notre esprit de conquête. « Il faut redonner l'esprit de conquête à notre pays », dit Jacques de Chateauvieux, un grand patron français du sucre et du pétrole. Refus du risque égale rente, égale peur ? Bureaucratie égale inefficacité ?

Vraie ou fausse question ? Elle est au cœur des

reproches des patrons : les patrons ne cessent de râler contre les formulaires qu'on leur demande sans cesse de remplir et cette bureaucratie ne se laisse pas faire.

Un jour, le ministre des Finances et du Budget, le socialiste Christian Sautter, s'avisa de restructurer son ministère, de fusionner les services fiscaux pour faire des économies. C'était en 2000. Il fut, tout simplement, débarqué par les syndicats.

Pas bouger, pas d'histoires, pas de risques ! Comprenons que la notion de risque est au cœur de notre système social. Parler de démocratie sociale, de dialogue social, de représentativité syndicale, c'est d'abord parler de risque. L'État-providence est l'enfant du risque social. C'est le social qui crée le risque, c'est la faute au système, c'est la faute à la société… Il y a cent ans, on vient d'inventer le risque social et tout part de là.

Autrefois, le patron était de droit divin, le maître était cru sur parole, et la troupe brisait les grèves. Il n'y avait ni Sécurité sociale, ni retraite, ni chômage, ni longue maladie. Les enfants et les conjoints n'étaient évidemment pas couverts. Aujourd'hui, toute la famille est couverte pour les risques sociaux, la maladie, l'incapacité, le chômage.

Mais comment s'est construit cet immense droit social puisqu'il n'y a pas de dialogue social ?

Grâce à l'État, les amis ! L'État omniprésent qui se mêle de tout, veut tout régenter, tout contrôler, décréter ou légiférer. De là cette immense bureaucratie qui étouffe la France comme une membrane asphyxiante – disait Karl Marx.

La France : un pays soviétique ?

Bonjour à tous, bonjour les assistés,

Ce merveilleux pays soviétique – la France – est le seul pays soviétique du monde qui fonctionne à peu près correctement et qui vote en général à droite pour rester soviétique.

La France est passionnée d'égalité. « L'amour de l'égalité et de la liberté partage le cœur des Français », écrivait Tocqueville. La France reste-t-elle un pays plus égalitaire que les autres ? Oui, oui, trois fois oui ! Seule la Suède peut prétendre à une hiérarchie des revenus aussi faible entre les 10 % les plus faibles et les 10 % les plus pauvres.
Grâce à quoi ? Grâce à la Sécu. Au moment de la crise de 2008 on a soudain redécouvert le modèle social français, ce merveilleux modèle social qui nous avait mieux protégés de la crise que les Anglo-Saxons. Pourquoi ? Parce que la redistribution du revenu protège la consommation des plus pauvres et que la consommation

dope la croissance et l'emploi. Ce n'est pas plus compliqué.

Alors, vive la Sécurité sociale, vive André Tardieu, président du Conseil en 1930, qui couvre enfin le risque maladie, l'invalidité et institue l'assurance vieillesse ! Vive de Gaulle, qui crée la Sécu avec le Conseil national de la Résistance en 1945 ! Vive le SMIC, créé en 1950 (ça c'était Vincent Auriol) ! Vive l'aide sociale, créée en 1953 ! Vive Michel Rocard, qui crée la CSG en 1991 ! Vive Jospin qui crée la CMU ! Et vive Martin, ce pauvre Martin, qui crée le RSA et qui lutte contre la misère !

À la veille de 1914, la veille du plus grand effort qu'aient jamais fait les Français pour leur pays, la protection sociale représente à peine 1 % du revenu disponible des ménages. Aujourd'hui, la protection sociale représente 33 % du revenu des ménages. Le tiers. En 1914, 3 % des salariés sont couverts par un système de retraite, 3 % seulement, et 0 % pour le chômage. Aujourd'hui, retraite et chômage couvrent 99 % des salariés. Si vous ajoutez l'enseignement gratuit, les transports partiellement pris en charge et toutes les dépenses publiques, vous arrivez à 55 % du produit intérieur. La plus forte dépense publique d'Europe, avec celle de la Suède. En 1914, la dépense publique c'était 9 % du PIB, aujourd'hui c'est 55 %. Le produit national français a été socialisé.

Est-ce à dire que le pays est devenu socialiste ? Keynes, le grand économiste, pensait qu'au-delà de 20 % consacrés à la dépense publique un pays devenait socialiste. On en est à 55 %. La France serait-elle le seul pays socialiste qui fonctionne à peu près bien ?

Bonjour à tous, bonjour les assistés de ce merveilleux pays soviétique,

Pas de dialogue social et un État-providence omniprésent qui gère le risque social. Comment cela fut-il possible ?

Autrefois : guerre sociale, conflits sociaux, conflits du travail et un droit qui ignore totalement les salariés. Un droit qui interdit les grèves et les syndicats. Un droit qui les punit, depuis la loi Le Chapelier, comme des crimes : vous faites grève, vous commettez un crime. Mais des grèves, des luttes, il y en a : souvenez-vous de *Germinal*. Alors, l'État envoie la troupe.

Mais, petit à petit, l'État est appelé par les salariés comme médiateur : de gendarme, il devient médiateur. Il pose le fusil, il prend le crayon et, de médiateur, il devient législateur et protecteur. L'État-assistante sociale a succédé à l'État-gendarme. D'où la mise en place d'un corps important très français : les inspecteurs du travail – qui n'existent guère dans d'autres pays et dont la puissance explique peut-être la faiblesse des syndicats ouvriers chez nous. Ce que font les inspecteurs du travail en France pour la défense des salariés est réalisé ailleurs par les syndicats. C'est un choix, c'est le choix français. Plutôt le bureau que les partenaires, plutôt la loi ou le décret que le contrat, et des papiers, des papiers, toujours des papiers, beaucoup de papiers à remplir.

Les patrons, à juste titre, veulent des rapports simples avec l'administration, ils voudraient que le fisc cesse de multiplier les demandes de renseignements. Plus on est petit, plus on souffre de la bureaucratie. Les gros, eux, ils ont leurs avocats, leurs conseils, leur direction des ressources humaines qui gèrent le coût de la bureaucratie. Plus facile de souscrire à un marché public quand on est gros que petit. Même les systèmes d'aides sont tellement nombreux et compliqués que les entrepreneurs n'en peuvent plus.

L'État se propose alors de simplifier. C'est promis, il va simplifier. L'État voudrait s'effacer et, en même temps, faciliter la création d'entreprises : c'est le statut d'auto-entrepreneur ; grand succès. L'auto-entrepreneur ce n'est pas Bill Gates, c'est trente-trois mille euros maximum de bénéfice par an. C'est parfois un moyen de sortir du chômage. Par exemple, en facturant des services à son ancien employeur. Ce n'est pas la conquête des marchés asiatiques et américains mais c'est la preuve que l'esprit d'entreprise est sans doute la chose la mieux partagée du monde, même par les Français.

Bonjour à tous, bonjour les assistés de ce merveilleux pays soviétique, ce merveilleux système soviétique qui ne fonctionne pas si mal et que nous aimons,

Au fait, que pensent les Français de leur système social ?
Ils l'aiment.

55 % de la richesse nationale produite par année correspond à la dépense publique. Sommes-nous vraiment dans un pays socialiste ? Non, justement, c'est beaucoup plus compliqué.
En 1914, la dépense publique ce n'était rien du tout, 8 ou 9 % mais la France était un pays fermé, paysan. On vivait en autarcie : on élevait le cochon et on le tuait, point final. Les femmes ne travaillaient pas – enfin, elles travaillaient comme des brutes, comme des esclaves à la ferme, bien sûr, mais leur travail ne valait pas salaire. En

1914, le Français vivait cinquante ans, en 2000, il vit quatre-vingts ans. C'est la Sécu tout ça !

Vous savez ce qu'est un économiste ? C'est le type qui est toujours capable d'expliquer le lendemain pourquoi il s'est trompé la veille. Il est difficile de trouver plus benêt et plus nigaud qu'un économiste. L'une des plus grandes niaiseries racontées par les économistes fut d'avoir laissé entendre que c'était soit l'État, soit le marché. Que ce que gagnait l'un, l'autre le perdait. Eh bien ce fut le contraire.

Durant les glorieuses années 1960, les femmes arrivaient sur le marché du travail, la France s'ouvrait à l'extérieur. Regardez, ces vingt dernières années, la dépense publique augmente toujours et l'ouverture au marché extérieur augmente. Aussi bizarre que cela puisse paraître, le social et le marché ont crû de concert.

Les femmes françaises, le marché du travail elles connaissent, mieux que les Allemandes ou les Américaines. Alors vive les femmes qui cotisent et qui payent la retraite des vieux mâles !

Et que pensent les Français de la redistribution ? Eh bien ils sont pour ! Ils sont pour la CMU qui soigne gratuitement toute personne en situation légale en France. Quel pays du monde offre un tel service ? Service intelligent d'ailleurs car, si vous éradiquez la maladie, vous participez à la bonne santé de l'économie. Mieux vaut des travailleurs en bonne santé que malades. Seul un Français sur dix estime que la couverture santé doit bénéficier uniquement à ceux qui ont cotisé, et ce chiffre ne bouge pas.

Et si les Français étaient beaucoup moins égoïstes qu'on ne le croit et qu'on ne le dit ? S'ils attendaient patiemment au pied de cet ascenseur social qu'ils ont lentement construit ?

Alors, les Français, ce sont des frileux, ce sont des peureux ?

Bonjour à tous, bonjour les assistés,

Avec leur belle Sécu, leur bel État-providence, les Français auraient oublié la lutte des classes ? Ce n'est pas si sûr. La lutte des classes, un concept bien dépassé, aussi dépassé que le marxisme, que la chute du Mur, que l'éclatement de l'Empire soviétique. La lutte des classes, la lutte des bourgeois contre les prolétaires ou des salariés contre les patrons, la guerre qui coupe l'humanité en deux : propriétaires et exploités. Cela concerne quelques syndicalistes ouvriers nostalgiques peut-être mais pas les patrons qui voient dans l'entreprise une aventure collective, une famille, une équipe, une troupe en compétition, un lieu de profit où celui-ci revient à tous, où le travail peut s'associer dignement avec le capital pour gagner.

Les patrons pleurent quand ils licencient, quand ils n'ont pas d'alternative, quand le marché est cruel et les a obligés à licencier. Dur, dur d'être un patron, surtout dans un pays soviétique comme le nôtre. Pourtant, les patrons du Medef ont développé, il y a peu, une théorie étrange, une philosophie économique qui n'est pas sans rappeler la vision binaire et simpliste de la lutte des classes. C'est la lutte des risquophiles et des risquophobes.

Voilà ce que disaient les patrons : « On disserte sur l'aptitude des Français face au risque, car le risque est manifestement au centre de la morale moderne. » Certains dénoncent la « démoralisation d'un peuple de rentiers, de rentiers de l'État-providence, et souhaitent que l'on donne à nouveau l'avantage au risque sur la rente ».

C'est dur : d'un côté il y a ceux qui prennent des risques ; de l'autre, les rentiers de l'État-providence, les salariés, les assistés surprotégés. Et ces patrons de continuer : « Le risque est devenu la catégorie politique majeure, il est l'occasion d'une renaissance, d'une nouvelle chance qui sortirait la philosophie politique de sa dégénérescence mortelle. »

Peut-être l'idéologie du risque vient-elle occuper la place des grandes utopies du passé ? Pensons à Christophe Colomb, aux Conquistadores ; en ce temps-là, c'est vrai, les Européens n'avaient pas froid aux yeux.

Alors ce ne sont plus les prolétaires contre les patrons, ce sont les risquophobes contre les risquophiles, la lutte des classes est de retour. La lutte éternelle du bien contre le mal est de retour…

Bonjour à tous, bonjour chers assistés,

Nous serions entrés dans une période de dégénérescence, nous, Occidentaux qui sommes acculturés au risque et surtout nous, Français, qui sommes étouffés par la Sécurité sociale.

L'aventure, le risque des grandes conquêtes, des grands aventuriers, des Conquistadores, des créateurs, des inventeurs, des entrepreneurs à la Joseph Schumpeter – grand économiste autrichien révéré par les hommes de gauche – bref, de la destruction créatrice : ceux qui détruisent pour mieux créer. En face de ces preneurs de risque : les frileux, les peureux, les pétochards, ceux qui sont « attachés à leur poste comme des arapèdes à leur rocher », disait le duc de Brissac – ex-patron de Schneider –, ceux qui refusent la mobilité, le changement, la nouveauté et le progrès.

Oui, l'État-providence est une société d'assurance. Oui, la Sécu prend en charge le risque.

La Sécu sait que l'année prochaine il y aura dix mille suicides en France (c'est beaucoup) et tant d'accidents de la route. La Sécu est une vaste statistique, elle calcule par la loi des grands nombres. La loi des grands nombres est la grande loi sociale, elle ne se trompe jamais. La Sécu sait tout : *Big Sécu is watching you. Big Sécu* vous assure, vous contrôle, vous suit et vous apprend même comment rester en bonne santé.

Et si la Sécu, au contraire, vous libérait ? Si la Sécu vous permettait d'agir en homme libre, une fois délivré des plaies et des malheurs qui vous menacent : la maladie, le chômage ? Si l'instruction publique et gratuite faisait de vous des hommes libres ? Un analphabète est-il plus libre qu'un homme éduqué, un homme malade plus libre qu'un homme en bonne santé ? Eh non, évidemment.

Pourtant, beaucoup pensent que « les lois sociales ne libèrent pas mais créent des asservis. Les lois pour les pauvres créent les pauvres qu'elles assistent », disait le pasteur Thomas Robert Malthus. Mettez du fromage quelque part, vous verrez arriver les souris ! Faites une loi sociale, vous verrez arriver les pauvres, les assistés, les immigrés… Faites le RSA et vous les verrez proliférer comme des parasites. Les assistés : la plaie, la gale de la société.

Vous dites : quatre cents, cinq cents euros net de RSA ce n'est pas terrible, il ne faut pas leur demander, en plus, de faire du gardiennage même si c'est payé.

Vous vous dites aussi : quand même, c'est la moitié de ce que gagne le smicard qui se crève pour un boulot en général pas très passionnant. Et si le smicard était tenté par le RSA ?

Rassurez-vous, c'est plutôt le type au RSA qui sera tenté par un SMIC…

Bonjour à tous, bonjour cher assistés,

Aimez-vous le risque ? Êtes-vous des riscophiles ou des risquophobes ?

L'impossible prise de risque des salariés français. Et si les Français, ces pétochards, ces assistés, refusaient la mobilité ?

Les Français : ces râleurs, ces révoltés, ces Italiens bougons ou ces Belges de mauvaise humeur. Ils aiment vivre au pays, ils ne bougent pas car ils ne prennent pas de risque sous le parapluie de leur Sécu. L'article 1 de la première ordonnance de 1945 créant la Sécu dit : « Il est institué une organisation de Sécurité sociale destinée à garantir les travailleurs et leurs familles contre les risques de toute nature. » La Sécu nous protège contre tous les risques. Et le premier risque c'est de bouger. Malraux disait : « L'aventure commence avec le dépaysement[1]. » Les Français sont peu mobiles, ils aiment rester chez eux. Il faut dire que leur pays ne les incite pas à la mobilité : la France est un terminal, au nord bloquée par la mer, à l'ouest par l'océan, au sud par les Pyrénées. On arrive en France et on s'y installe peinard.

Ce ne sont pas les Français qui sont partis en Pologne, au Portugal, en Italie, en Espagne ; ce sont les Polonais, les Portugais, les Italiens qui se sont installés en France. C'est la fin du voyage, on s'installe et on ferme la porte, au nez du plombier polonais par exemple.

Hélas, hélas… ou tant mieux, après tout ! Cela prouve que les Français sont bien là où ils sont, ils ne bougent pas non plus à l'intérieur de la France.

Ça veut dire quoi bouger ? Ça veut dire changer souvent de lieu, vendre sa maison et en racheter une autre, comme aux États-Unis. Ça c'est intéressant : l'une des grandes forces des États-Uniens c'est la mobilité parce que, notamment, on peut vendre et racheter facilement une maison.

Si le nouveau modèle c'est la « flexisécurité » : la sécurité du travail associée à la mobilité, la France est mal partie. Demandez à un Perpignanais d'aller au nord. Pour lui, le pôle Nord c'est Toulouse, Montauban à la rigueur. Mais bouger c'est aussi changer de métier, changer de statut et, par exemple, créer son entreprise.

« Les chômeurs n'ont qu'à créer leur entreprise », disait déjà Raymond Barre en 1978. En France, le statut d'auto-entrepreneur, inventé en 2008 pour simplifier les démarches administratives et éviter le travail au noir, connaît un grand succès. Bravo ! Vive l'esprit d'entreprise !

Mais attention, ce statut permet aussi de contourner la protection sociale : plutôt que d'embaucher, des entreprises préféreraient traiter avec d'anciens salariés devenus auto-entrepreneurs, pour éviter les charges sociales.

Cela dit, trois cent mille auto-entreprises ont été créées en France en 2009 ! La moitié sont de vraies entreprises, souvent les autres ne tiennent pas, ne créent qu'un emploi : celui du créateur, mais qui a dit que la France refusait la mobilité ?

Bonjour à tous, bonjour les casaniers,

Les Français n'aiment pas bouger, ils refusent la mobilité. Pourtant, trois cent mille Français vivent à Londres, la sixième ville française du monde. Que vont-ils y chercher ? Eh bien, ils vont y chercher le merveilleux modèle anglo-saxon ! Liberté, rapidité pour trouver un travail et se faire licencier ; vie trépidante, brutale, *rock'n'roll*, *many many jobs*... Financier à la City ou plongeur dans un fast-food ? Plutôt plongeur, d'ailleurs... Avec le rêve de faire fortune en ramassant une épingle dans la rue et devenir riche à milliards comme le banquier Jacques Laffitte.

Remarquez, cinq cent mille Britanniques vivent en France. Que viennent-ils y chercher ? Le merveilleux modèle français. Les Français sont ceux qui dépensent le plus pour les enfants en bas âge avec les Danois et les Islandais. Si vous êtes femme, vive la France !

Les femmes françaises vivent trois ans et demi de plus que les Anglaises, elles ont de belles allocations maternité, elles font beaucoup plus d'enfants et leurs salaires sont moins éloignés de ceux des hommes. Les mâles britanniques touchent 21 % de plus que leurs épouses, les mâles français seulement 12 %. Ne parlons pas des retraites : ce que perçoivent les Françaises est beaucoup plus généreux.

Vous direz : la France attire les vieux Anglais, l'Angleterre les jeunes Français. C'est normal car la France rajeunit et l'Angleterre vieillit. Ou plutôt, notre magnifique pays d'assistés vieillit moins que les autres ! Chez nous la vie culturelle reste formidable car largement subventionnée par l'État, contrairement à l'Angleterre évidemment. Ces incorrigibles Français sont donc très contents de rester chez eux et de profiter de leurs milliers de festivals.

Bouger n'est pas toujours un signe de santé, les pays de migration sont souvent des pays malheureux. Pensez à l'Irlande : la moitié de la population irlandaise a quitté son île merveilleuse au XIXe siècle suite à la grande famine qui a tué un million de personnes.

« La France, dernier pays occidental où la pauvreté et les disparités de revenus se sont atténuées au cours des vingt dernières années[2] », c'est *The Guardian* qui dit cela, avec une pointe de jalousie dans la voix. Une pulsion d'égalité est inscrite, paraît-il, dans l'ADN politique français. Tous égaux sous le grand parapluie de l'État...

Bonjour à tous, bonjour chers assistés, chers amoureux de l'État,

Voilà que l'assistanat fait débat en France. Trop, c'est trop !
Les assistés sont-ils des parasites ?

Savez-vous comment fut inventé le chômage ? Autrefois, dans la société du XIX$^e$ siècle, il n'y avait pas de chômeurs car il n'y avait pas de protection sociale, il n'y avait que des pauvres. Petit à petit, on s'est mis à distinguer les bons pauvres des mauvais pauvres : les bons pauvres étaient ceux qui voulaient trouver du travail et les mauvais pauvres, les autres, qui, du coup, devenaient des parasites.
Ainsi fut inventé le mot « chômeur ». Un chômeur c'est un pauvre qui veut travailler. Aujourd'hui, pour ceux qui ont épuisé toutes les possibilités, on a inventé le RMI puis le RSA.

Pour autant, la France a-t-elle plus de chômeurs que les autres ? Non, pas vraiment.

Dans les pays où il n'y a pas de chômeurs, il y a des « invalides du travail », comme en Hollande, des « dispensés de chercher du travail », comme en Grande-Bretagne, ou encore énormément de gens en prison, comme aux États-Unis, ce qui fait baisser les statistiques du chômage. Dans tous les pays développés il y a des indemnités pour ceux qui sont en fin de droits, qui ne peuvent plus retrouver du travail. Les Anglais payent moins que les Français, les Allemands aussi ; le chômage c'est la faute au chômeur, il est tentant de rendre les chômeurs qui ne trouvent pas de travail responsables du chômage. C'est un peu cruel.

L'idée du RSA (Revenu de solidarité active) par rapport au RMI (Revenu minimum d'insertion) est de cumuler une partie de cette indemnité avec le salaire quand on retrouve du travail. Remarquez au passage active/insertion : toujours l'idée qu'il s'agit de gentils pauvres qui veulent s'insérer dans la société. Ainsi, on est incité à trouver du travail. Mais travailler, c'est avoir une voiture, faire garder les enfants, manger plus cher à la cantine ; travailler coûte cher. Il s'agit de prendre en charge une partie de ce coût du travail. Y a-t-il des fraudeurs au RSA ? Oui ! La Caisse nationale des allocations familiales les a identifiés.

2 % des gens qui touchent le RSA fraudent, ce n'est pas grand-chose. Faut-il les obliger à faire quelques heures de travail payées par semaine ? Ce n'est pas cela qui réglera le problème du chômage en France et cela les stigmatisera encore plus.

Le RSA pose un problème moral. Non pas celui du parasitisme – des gens « vautrés sur leur canapé devant leur écran plat », comme l'écrit avec élégance un hebdomadaire – mais le problème de la fraude. Les bénéficiaires du RSA ne fraudent pas mais les Français le font un peu plus que leurs voisins. Combien trichent avec l'impôt ? Combien coûtent ceux qui fraudent mais utilisent tous les services publics de la France ?

Bonjour à tous, bonjour les adultes qui ne quittent pas le marché du travail et les jeunes qui ne peuvent pas y entrer,

Et si c'étaient les adultes qui ne voulaient pas des jeunes ? Car les jeunes ont envie de travailler. Cette nouvelle génération « Y » n'a jamais connu la guerre froide, ignore tout du communisme, a toujours connu Internet, le numérique, les mangas. Elle est abreuvée d'images, elle a deux cents chaînes de télé et non pas deux comme en avaient les grands-parents. Elle a connu l'incroyable liberté de circulation en Europe, elle n'a pas connu le franc français, elle a toujours vécu avec l'euro et, en revanche, elle a toujours connu le chômage, elle n'a jamais connu son pays en situation de plein emploi, elle vit chez papa-maman car elle n'a pas les moyens de s'installer.

Cette génération « Y » n'aimerait pas travailler ? C'est complètement faux ! Le droit à la paresse, le ministère du temps libre, la sieste, « volem rien foutre al païs », c'était il y a quarante ans, quand le chômage était nul. On se dit : trente ans de chômage dans un pays, c'est que ce pays trouve un intérêt au chômage…

Hypothèse grave : les adultes ont un intérêt au chômage des jeunes. Regardez la difficulté pour les jeunes diplômés à trouver un travail : stage à répétition, CDD, CDD encore, intérim, les jeunes ont l'impression d'être en situation permanente – comme le disait François Chérèque – de « bizutage social[3] ». Je veux un emploi ; or que me proposent ceux qui ont un emploi, les installés, les nantis en quelque sorte ?

Prenons le CPE de Dominique de Villepin, c'était une réponse par déclassement social : parce que tu es jeune, tu n'as pas droit au contrat normal, au contrat de citoyen, tu es un citoyen de deuxième zone. Non seulement le CPE offensait les jeunes, mais il offensait le profond sentiment d'égalité des Français, insupportable au pays de l'égalitarisme. Que faire alors ? Tous en CDI ? Tous en CDD, au contraire, pour fluidifier le marché du travail ? Des contrats jeunes ?

La gauche et la droite en ont les poches pleines de ces contrats jeunes. Mais c'est encore stigmatiser les jeunes non ? Alors, partager le travail ? C'est une idée de la gauche : les trente-cinq heures. D'abord, cela n'a pas modifié le chômage, ensuite ceux qui ont un travail ont tellement peur de le perdre que leur productivité reste très forte.

Le chômage des jeunes, voilà une cause nationale non ? Nouvelle hypothèse, grave aussi : et si le dialogue social était bloqué, si l'impossible dialogue social empêchait toute avancée sur le marché du travail ?

Bonjour chers assistés,

Vous aimez vos enfants ? Vous voulez qu'ils réussissent, qu'ils prennent l'ascenseur social ? Êtes-vous sûrs d'être de bons parents ?

Évidemment, vous êtes de bons parents. Vous avez oublié la gifle ou la fessée, vous aidez parfois votre épouse à faire le ménage et vous approuvez lorsqu'elle aide les petits à faire les devoirs, c'est en général elle qui aide à faire les devoirs. Mais pouvez-vous vous satisfaire du système d'éducation ?

La France dépense plus que les autres pour l'éducation : plus que les Anglais, plus que les Allemands, que les Italiens. Elle garde ses enfants dans le système éducatif plus longtemps : dix-sept ans à partir de cinq ans. Si la jolie petite fille qui va bientôt aller sur la plage avec vous savait qu'elle va bientôt passer dix-sept ans à apprendre… pauvrette.

Apprendre bien ? Pas sûr : 18 % des jeunes quittent le système scolaire sans diplôme, nombre de ceux qui entrent en sixième ne savent pas lire ou compter. L'éducation coûte cher pour un résultat médiocre.

Aujourd'hui les familles recherchent l'« optimisation territoriale ». C'est quoi cette horreur ? L'optimisation territoriale c'est le bon quartier pour la bonne école – privée ou publique ; du coup, le système scolaire, qui devait unifier le pays et répondre au lancinant besoin d'égalité des Français, produit de la ségrégation et de la discrimination. Quelle injure faite au système républicain de l'égalité des chances !

Grosso modo, la moitié de la population française est analphabète en 1880, à l'aube de la grande révolution scolaire, et les Français ne parlent pas français mais patois, pardon pour les belles langues régionales. Aujourd'hui, plus personne ne parle patois mais 8 à 9 % des Français sont encore complètement analphabètes, c'est beaucoup dans un monde où la tradition n'est plus orale et où le cerveau sert désormais plus que les bras. On peut être analphabète quand on travaille à la chaîne, pas quand on fait partie d'un cercle de qualité. Comparaison n'est pas raison mais : 9 % d'illettrés et 9 % de chômeurs.

Mieux vaut, en France, aujourd'hui, être un héritier, un fils à papa, bénéficier du réseau de la grande école. Ne me dites pas que le visage de la France d'aujourd'hui est celui des héritiers et des rentiers. Pourtant, la part de la rente dans le revenu national en 1914 était de 10 %, de 0 % en 1960 et aujourd'hui, d'à nouveau 10 % : c'est le retour des héritiers. On hérite du nez de sa mère, des yeux de son père, de son accent, de son diplôme et de sa maison.

Bonjour chers assistés, chers frileux qui recherchez le soleil,

Les salariés français seraient des frileux ? Mais
pas du tout ! Les salariés français sont plutôt
moins frileux que les autres. Lorsque la Sofres
leur pose la question de la mondialisation, que
répondent-ils d'après vous ?
Protectionnisme ? Barrières ? Retour à l'autarcie ? Fin de l'immigration et Madame à la
maison, pour libérer des emplois ?

Pas du tout, les Français sont conscients de
la supériorité de leur modèle social et aimeraient
bien qu'un modèle social universel soit imposé à
toutes les entreprises du monde. Mais la première
mesure qu'ils réclament c'est le développement de
produits nouveaux, d'avancer dans l'innovation.
La deuxième mesure c'est la formation, la qualité
du travail, la performance et, juste après (mais
c'est la même chose au fond), ils disent : il faut

se battre avec notre productivité. Chapeau ! Ça, c'est vraiment courageux car les Français sont déjà très productifs.

Les cadences infernales, les Français connaissent. D'abord ils travaillent globalement plus que les Allemands et les Anglais. Et puis, ils n'arrêtent pas de travailler : dans les transports, le week-end chez eux… La France ce n'est plus la fin du travail, c'est le travail sans fin. Et ce qui ajoute à leur incroyable productivité et à leur goût du travail c'est leur goût du bricolage.

Pour être tout à fait honnête, ils partagent cette passion avec leurs voisins allemands, eux aussi de bons bricoleurs. Le salarié bricole, aide les voisins, répare chez les enfants ou chez les parents, toujours un tournevis à la main.

Et puis, le salarié français, vraiment brave pomme, réclame des baisses de cotisations pour les patrons, il est gentil : ce n'est pas pour lui, c'est pour les patrons ! Il a tellement entendu les patrons français réclamer des baisses de cotisations sociales, cette chanson qui vous casse les oreilles chaque fois qu'un patron ouvre la bouche, qu'il s'y est mis lui aussi : baisses des cotisations sociales pour baisser le coût du travail. Ah, le brave petit soldat de la guerre économique… Vous allez voir qu'il va réclamer des baisses de salaires. On n'y est pas encore mais il va bêler avec les chèvres que les Français n'ont pas le goût de l'entreprise, le goût d'entreprendre.

Mais si vous regardez l'ADN de l'entrepreneur, la moitié des entrepreneurs sont d'anciens salariés, plus de 60 %. Les autres sont des fils à papa et quelques-uns, rarissimes, sont des génies à la Bill Gates.

Vive les salariés français !

Bonjour chers assistés, chers frileux, chers paresseux qui recherchez le soleil,

Les Français sont de grands bricoleurs. Mais, plus encore, ils offrent gratuitement leur temps et leur travail. Les Français, rois du bricolage, créent donc une immense richesse qui n'est pas comptabilisée dans le PIB. Les Français sont donc beaucoup plus riches qu'ils ne le croient. Si vous ajoutez le bricolage, les soins donnés aux enfants, l'éducation à la maison, l'aide aux personnes âgées, toutes les manifestations de dons/contre-dons, gratuites et généreuses (la Fête de la musique qui offre de la musique, la Fête des voisins qui offre de la bonne franquette et de la vie sociale), tout le bénévolat (papa qui s'occupe de l'équipe de foot, maman qui fait de l'alphabétisation, le grand frère qui est dans le syndicat et la grande sœur qui est dans une troupe d'amateurs de théâtre), vous arrivez à une richesse phénoménale qui n'est jamais comptabilisée.

Il y a plus d'un million d'associations en France, treize millions de Français y sont bénévoles. C'est beaucoup de richesse créée, beaucoup d'enthousiasme désintéressé, du patrimoine sauvegardé… Et si vous ajoutez le secteur associatif qui emploie plus de 2,3 millions de salariés, vous vous dites que la France de l'altruisme se porte plutôt bien. Ajoutez que trente-huit millions de Français adhèrent à une mutuelle, tout cela est en principe du social, du solidaire, du désintéressé, du non-lucratif et même de la démocratie.

Bon, il y a la Banque populaire et Natixis, sa sous-marque, qui se sont illustrées dans la débâcle financière mais c'est l'exception. Majoritairement, le secteur associatif est désintéressé. On voit même se manifester une nouvelle race d'entrepreneurs : les entrepreneurs sociaux qui prétendent associer l'innovation, la recherche d'activités performantes et la morale.

Ça veut dire qu'on peut être heureux au travail ? Oui, dit l'économie sociale et solidaire. D'abord parce que la coopérative, c'est la démocratie : un homme, une voix. Ensuite parce que son statut prévoyait, à l'origine, de protéger les travailleurs de l'exploitation. Mais les caissières de Leclerc, coopérative, souffrent sans doute autant que celles de Carrefour, société privée, et les patrons de la

Banque populaire sont aussi bien payés que ceux de la BNP, société privée.

C'est normal ? Pas du tout, c'est absolument anormal. Une coopérative est mue par l'éthique, une société anonyme par le profit. Vous me direz : c'est la concurrence ! Si les coopératives sont en concurrence avec les sociétés privées, normal que les salaires soient alignés.

Chers assistés, chers frileux, bonjour. Et bonjour à vous, tous les Tanguy qui vivez chez papa-maman parce que vous n'avez pas les moyens d'acheter un logement,

La crise du logement, voilà un sujet récurrent et typiquement français. Les Français ne peuvent pas se loger, jamais les Français n'ont pu se loger. Sous l'Ancien Régime, impossible de se loger à Paris, on dort partout : dans les escaliers, dans les soupentes, sous les porches des maisons. Mais vient la révolution industrielle et voilà que le gouvernement se propose de construire des HBM : des Habitations à bon marché pour les ouvriers, les prolos, c'est en 1894.

Puis, dans l'entre-deux-guerres, la pression de la population est toujours aussi forte : c'est le temps des grandes manifestations contre les loyers, les Parisiens occupent les rues de Paris pour faire la grève des loyers. Le gouvernement accorde des moratoires et, en conséquence, la construction immobilière s'effondre. C'est la Deuxième Guerre, l'afflux migratoire, les bidonvilles autour de Paris et la loi de 1948, la terrible loi de 1948 qui limite les loyers et permet d'avoir 300 mètres carrés dans le Marais au prix d'un studio tandis que les sans-abri prolifèrent.

C'est alors que l'abbé Pierre lance son célèbre appel, en février 1954. Et c'est le grand programme du logement social, financé par le 1 % patronal. À partir des années 1960, l'État se désengage, la surpopulation devient chronique mais l'accès au logement est facilité par l'inflation qui anéantit les dettes immobilières. Et puis, tout bascule : l'argent redevient cher, le foncier rare, les loyers flambent, le prix de l'immobilier explose. Entre 1990 et 2011, le prix de l'immobilier est multiplié par deux et demi. Plus personne ne peut acheter dans Paris – si, les riches, les fonds d'investissement, les émirs, les rois du pétrole – les centres-villes se vident. 51 % des Français sont des locataires, ce sont des jeunes, ils transfèrent 47 milliards d'euros par an aux vieux : les jeunes payent les vieux.

Alors, encadrer à nouveau les loyers ? C'est la gauche qui les a libérés en 1998. Quand un logement change de locataire, le propriétaire augmente le loyer. Du coup, les locataires hésitent beaucoup à déménager.

La génération Tanguy restera chez papa et maman bien au chaud. Papa et maman qui, soit dit en passant, payent, pour un logement de 300 mètres carrés à Saint-Germain-des-Prés, le prix d'une chambre de bonne.

Bonjour chers enfants qui restez chez papa et maman et re-bonjour Tanguy,

Quel contrat signez-vous avec vos parents ? Quel est le pacte des générations ?

Si vous voulez que les Français soient mobiles, il faut qu'ils puissent facilement accéder à un logement, en changer rapidement. Densifier les centres urbains, stopper la lèpre pavillonnaire, inciter les propriétaires à ne pas thésauriser leurs terrains constructibles, taxer les plus-values, construire, construire : quand le bâtiment va, tout va !
Sauf que les jeunes ne trouvent rien, alors ils s'incrustent.

Tanguy reste chez papa et maman jusqu'à vingt-quatre ans s'il est un garçon et jusqu'à vingt et un ans s'il est une fille – ces dernières sont plus courageuses. Mais, dans le même temps, papa et maman ne vivent plus avec pépé et mémé.

La cohabitation entre générations s'est effondrée. Du coup, Tanguy décide d'habiter directement chez mémé : la cohabitation entre jeune et vieille générations augmente.

Puis Tanguy, comme nombre de Français, divorce. Les Français divorcent beaucoup plus qu'autrefois. Par ailleurs, les bébés ne naissent plus dans le couple marié mais dans le couple non marié.

Est-ce à dire que les Français n'aiment plus la famille ? Non. Les Français vivent en couple, mariés, pacsés, toujours en couple. Et, s'ils divorcent, c'est pour aussitôt cohabiter à nouveau. Les Français sont romantiques : ils divorcent pour se remarier, parce qu'ils espèrent trouver à chaque fois l'amour définitif, le bon compagnon. Ils se marient plus tard, ont leurs enfants beaucoup plus tard, vers les trente ans.

Qui sont les solitaires ? Les vieux. Plus de la moitié des personnes qui vivent seules ont plus de soixante ans.

Eh oui, ils sont toujours là les enfants, et, d'ailleurs, surtout les femmes. Les filles, les belles-filles, les épouses, merveilleuses Françaises bien moins payées que les mâles, travailleuses actives d'Europe et qui s'occupent le plus des personnes âgées. Il est vrai que les vieux sont souvent des vieilles.

L'histoire de Tanguy nous dit aussi que l'économie est un contrat entre générations : je suis jeune, je suis à votre charge, papa et maman, mais quand vous deviendrez vieux, qu'à mon tour je serai un papa ou une maman, ce sera vous les gens à ma charge. Selon que vous m'avez bien traité ou mal traité quand j'étais dépendant, je vous traiterai bien ou mal quand vous serez dépendants. Enfants protégés, parents cajolés.

Question : les enfants français sont-ils bien traités ? En tout cas, ils sont bien éduqués : un quart des Français avait le bac en 1968 et trois quarts ont le bac en 2010. Bravo ! Merci papa, merci maman.

Mais aucun Français n'était au chômage en 1968 et 25 % des jeunes sont au chômage aujourd'hui. Petit problème non ?

Et si les parents ne savaient pas éduquer les enfants ?

Bonjour à tous,

Les économistes sont des pervers. Enfin ils adorent l'« effet pervers » qui consiste à prendre une mesure qui va à l'encontre de ce que vous espériez.

Tous ces assistés de Français ! Eh bien, une mesure perverse crée une aide sociale qui suscite des gens qui réclament l'aide sociale. Ça c'est l'exemple typique. Autre exemple : je diminue l'impôt pour relancer la croissance mais, ce faisant, je diminue la dépense publique, au bout du compte je fais chuter la croissance, au bout du bout je fais chuter les recettes fiscales et au bout du bout du bout j'aggrave le déficit public. Et au bout du bout du bout du bout je suis obligé d'augmenter les impôts.

C'est de la perversité, de la malignité pure !

On voit toujours les assistés du côté des salariés mais regardez les entreprises. J'aide les pêcheurs français qui ne ramassent plus assez de poissons. Du coup, avec mes aides, ils modernisent leurs bateaux. Du coup, ils raclent encore plus les fonds. Du coup, ils ramassent encore moins de poissons : effet pervers !

J'aide les agriculteurs pour qu'ils n'épandent plus leur lisier. Du coup, ils modernisent leurs élevages porcins et produisent encore plus de lisier.

Ceux qui font les politiques économiques sont vraiment des pervers !

On voit la perversité du côté des salariés, ces assistés, mais on peut la voir du côté des entreprises. Crédits d'impôts, aides indirectes, baisses de TVA, les entreprises perçoivent, selon la Cour des comptes, quelque cinquante-sept milliards d'aides directes et indirectes diverses auxquelles vous ajoutez huit milliards d'aides européennes. Ça vous fait du, bon an, mal an, soixante-cinq milliards. Et tout ça pour quoi ? Pour plus de cinquante milliards d'euros de déficit du commerce extérieur. Un peu pervers leur truc non ? Et puis, pour trois millions de chômeurs purs, auxquels il faut ajouter un million et demi de travailleurs à temps partiel qui voudraient bien un plein-temps, tout ça c'est un peu pervers...

Par exemple, les entreprises bénéficient de vingt et un milliards d'allègement de charges sociales, dont une bonne part va à des entreprises qui ne sont pas exposées à la concurrence internationale ;

par exemple, la grande distribution. C'est pas un peu pervers ça ? On ne va pas faire le catalogue de toutes les subventions inefficaces ou des fromages de la République et des environs de la République, dans les îles notamment. La Cour des comptes est là pour ça et elle fait bien son travail. Mais, on dit ceci : que ceux qui n'ont jamais été assistés jettent la première pierre de l'assistanat. Que ceux qui n'ont jamais réclamé à l'État lapident les RMIstes, les gens du RSA, les allocataires divers.

Le trésor n'est pas toujours reparti équitablement. N'oubliez jamais la grande loi, la règle française absolue : la règle des 20-80. 20 % des subventionnés les plus gros piquent 80 % des subventions. Loi toujours vraie, partout : en agriculture, dans l'industrie, dans le commerce et même dans la culture.

Bonjour, bonjour chers assistés,

Le CAC 40, ah le fameux CAC 40 ! Les 40 plus grosses entreprises françaises qui font la valeur de la Bourse, qui, chaque année, accumulent des profits, distribuent des revenus mirobolants à leurs dirigeants, des stock-options, des « retraites chapeaux » quand ils sont bons et qui ne créent pas d'emplois. Le CAC 40 fait travailler l'étranger, représente 83 milliards d'euros de profit – 10 milliards pour la major Total –, il détruit des emplois mais il a aussi ses centres de recherche chez nous en France. Le CAC paye des impôts, certes, mais il en paye beaucoup moins que les PME ou les très petites entreprises.

L'Allemagne est plus industrielle que la France ; or, en Allemagne, il y a, dans l'industrie, 288 entreprises pour 100 000 habitants et chez nous, il y en a le double ! Cherchez l'erreur. Elle n'est pas difficile à trouver : les entreprises allemandes sont en moyenne beaucoup plus grosses. La France est un pays de très petites entreprises ; l'Allemagne est un pays de bonnes grosses PME exportatrices. Les grosses PME exportatrices ont une capacité de recherche, d'innovation et de service après-vente bien meilleure que nos petites entreprises françaises. Et puis, ce n'est pas tout : la France compte beaucoup plus d'entreprises de services (la banque, la distribution) que l'Allemagne. Or, les services ne créent pas de productivité. La productivité d'un banquier ne bouge pas ; elle a beaucoup moins bougé depuis Jacques Cœur ou Jacob Fugger que la productivité d'un industriel.

Et puis, toutes ces petites entreprises françaises sont en compétition, elles se tirent la bourre, elles se marchent sur les pieds. Les entreprises allemandes, elles, chassent en meute. Curieusement, ces entreprises hyper-compétitives allemandes sont coopératives : elles se partagent les marchés plutôt qu'elles ne se les disputent. C'est pourquoi, en France, on a créé des pôles d'excellence. C'est un moyen de favoriser les synergies et les coopérations plutôt que la compétition.

Dieu sait si on vous a rebattu les oreilles, pauvres assistés, avec ces mots : compétitivité et compétition. Et voilà que les Français découvrent que la compétition c'est bon pour lutter contre les autres, contre l'ennemi à l'extérieur, mais c'est pas bon à l'intérieur du pays. Les grands pays compétitifs (la Chine, l'Allemagne, le Brésil) sont coopératifs à l'intérieur et compétitifs à l'extérieur.

Bonjour chers assistés, chers passionnés de RTT,

La France a de très grosses entreprises, une myriade de toutes petites entreprises et rien entre les deux. C'est la France du champion national.

La France a de grands champions, souvent nés de la volonté politique, du financement public lourd, énorme. La France du programme de télévision couleur, CK, bien supérieur aux autres et qui, pourtant, a perdu. C'est la France des paris industriels, la France du gaullisme entreprenant, la France du programme Concorde qui fut un échec, hélas, malgré la supériorité technique du merveilleux supersonique. La France du grand programme informatique C2I, qui fut un échec aussi, hélas, malgré l'excellente qualité et la supériorité historique des ordinateurs français.

Alors vous direz : pourquoi les meilleurs ne sont pas les gagneurs ? Ça c'est un vrai problème.

Les Français sont trop bons ! Non, c'est vrai, ce sont d'excellents ingénieurs, trop en avance par rapport aux diffuseurs commerciaux, aux réparateurs, à ceux qui assurent le service après-vente, à ceux qui contrôlent la qualité, de sorte que des procédés théoriquement moins bons, mais dont le sérieux de suivi, de réparation et de qualité est là, empochent le marché.

Mais, le grand programme, c'est aussi le succès Ariane. 1968 à Toulouse, inauguration du CNES, le Centre national d'études spatiales. Qui aurait parié sur le succès commercial de la fusée Ariane, un pari sur trente ans ? Et Toulouse, c'est Airbus ! Alors, quelle belle coproduction européenne qui a taillé des croupières aux Américains. Et puis, le TGV, grand programme voulu par la SNCF et le gouvernement : grand succès. Et puis, le nucléaire. Et puis ce fut le grand programme du téléphone, le grand programme autoroutier qui fit, d'un pays sous-équipé, un pays saturé d'autoroutes. Donc, vive le Gosplan ! Vive le ministère de l'Industrie ! Vive la planification de la croissance ! La planification était un moment de grand dialogue social associant les syndicats, les patrons, les chambres de commerce, les représentants de l'État autour d'une volonté collective de croissance. On en trouve quelques souvenirs aujourd'hui : regardez le grand emprunt voulu par Nicolas Sarkozy, ce n'est pas de la planification ça ?

Bonjour cher pays soviétique, cher pays de la planification,

Alors le grand emprunt, ou les derniers feux de la planification ?

Oui, il y eut la planification indicative à la française et il y a le grand emprunt qui est une forme de planification car il associe les partenaires sociaux et les politiques à la croissance. En pleine crise financière, l'État annonce des investissements d'avenir. C'est un socialiste, ancien ministre du plan, Michel Rocard, qui, associé à Alain Juppé, fixe les objectifs : économie de la connaissance, universités, recherche, équipement industriel innovant, infrastructures numériques, fibre optique, compétitivité des entreprises, pôle de compétitivité, développement durable... trente-cinq milliards d'euros en pleine crise, on dit bravo, c'est courageux et intelligent, c'est l'antipolitique grecque !

On sort le pays de la crise par le haut, par la compétitivité et la croissance au lieu de l'enfoncer dans le trou comme cette pauvre Grèce, en exigeant d'elle plus de sacrifice ; on donne du sang au malade plutôt que de le saigner. C'est très socialiste et très français. C'est le rôle de l'État d'investir dans le futur, ce qui ne rapporte peut-être pas immédiatement mais qui, on l'espère, rapportera plus tard. Parfois, ça ne rapporte rien : Concorde. Quoique, Concorde, ça rapporte de la réflexion, de la recherche, du travail d'ingénieur, de la sueur de grosses têtes qui se diffusera ailleurs, plus tard, sans qu'on en soit vraiment conscient. C'est la vision française de la recherche publique. Vive le CNRS, Centre national de la recherche scientifique : chercheurs et fonctionnaires... Le CNRS a été créé en pleine guerre, le 19 octobre 1939. Le parrain était le grand physicien Jean Perrin, prix Nobel, qui veut que la France rattrape son retard en physique quantique. But : donner des fonds à la recherche fondamentale mais aussi, éviter la coupure entre recherche fondamentale et recherche appliquée. Douze mille chercheurs aujourd'hui. Le but de la recherche fondamentale est justement de chercher pour chercher sans voir d'application immédiate à ses découvertes. Vous croyez qu'Einstein cherchait pour découvrir les applications du laser quatre-vingts ans après ses découvertes sur la relativité ? D'ailleurs, il ne cherchait même pas la relativité, c'est pour ça qu'il l'a trouvée.

Bonjour chers assistés et planqués divers,

Le CNRS, grand organisme public où les chercheurs ont un statut protégé, suffit-il à tirer la
recherche française ?

Croire que l'insécurité favorise l'esprit de
recherche est un leurre. Un chercheur a besoin de
temps, de calme, de liberté intellectuelle. Quand
on est chercheur, on fait de la recherche.

Certes, on aime l'argent, les honneurs, on a des
problèmes de dos ou de cœur, comme les autres,
mais, fondamentalement, on cherche. Quand on
est chercheur, on n'est pas toujours démocrate.
L'histoire de la recherche fondamentale en Allemagne du temps d'Hitler le prouve. Au fond, il n'y
en a qu'un qui ait fichu le camp, c'est Einstein.
Si vous voulez qu'ils trouvent, il faut les laisser
en paix les chercheurs.

Un jour, le président de la République visita le

CNRS, et que dit-il ? Ça va, vous êtes bien au chaud ? Éternelle allusion à la frilosité des chercheurs planqués derrière leur statut. Ce statut les protège des pressions commerciales, leur garantit une indépendance et n'en fait pas nécessairement des planqués, des paresseux, des mandarins. Cependant la recherche doit servir, être utile : il faut de la recherche appliquée derrière. Le chercheur fondamental va découvrir une molécule et le chercheur appliqué fabriquer un médicament. Bien entendu, la recherche appliquée est essentielle. Mais qui fait de la recherche appliquée, sinon les entreprises ? Alors le gouvernement inventa le Crédit d'impôt recherche (CIR), une des très nombreuses niches fiscales de la France. Il y en a près de cinq cents en France qui font perdre à l'État soixante-douze milliards d'euros. Le CIR concerne les dépenses de recherche : les salaires des chercheurs, les bâtiments, etc. Ça coûte dans les six milliards à l'État. Problème : qui profite du Crédit d'impôt recherche ?

Alors, comme d'habitude, la loi tragique que vous connaissez bien, la loi des 20-80, s'applique. 80 % du Crédit d'impôt recherche est concentré sur les entreprises de plus de deux cent cinquante salariés, sur les grosses entreprises. Donc une fois de plus, les petites entreprises n'en profitent pas. Mais surtout, selon le rapporteur de la Commission des finances, ce sont les secteurs de la finance, de la banque et de l'assurance qui en profitent le plus.

Oui, cette affreuse assurance, cette assurance et non pas l'industrie. C'est tout de même le monde à l'envers car, franchement, que vont découvrir les banques ? Que vont découvrir les assurances ? Quels brevets vont-elles déposer ? Une fois de plus, la bonne volonté, le désir de relancer la recherche débouchent sur un effet pervers. Les économistes disent aussi un « effet d'aubaine »...

Bonjour chers assistés,

Madame a-t-elle préparé le biberon du petit dernier ? Les enfants sont-ils prêts pour la plage ? Madame a-t-elle fait les courses ?
Bonne journée messieurs,

Les Françaises travaillent. Les Françaises travaillent plus que les autres Européennes. Les Françaises se sont battues pour l'égalité des droits ; elles ont obtenu des lois essentielles votées par des parlements d'hommes : la loi criminalisant le viol en 1980, les lois contre les violences conjugales en 1984, contre le harcèlement sexuel en 1992 et puis cette loi dépénalisant l'avortement dite « loi Veil », essentielle dans la maîtrise de la procréation. Les Françaises ont toujours maîtrisé leur procréation, elles furent même des pionnières dans le monde de la maîtrise de la fécondité, les pionnières du contrôle des naissances. Ça commence en 1750 : tout à coup, dans les campagnes françaises, on ne fait plus d'enfants. « On trompe la nature jusque dans les villages », dit le démographe Jean-Baptiste Moheau – le père de la démographie, bien avant le pasteur Malthus. Voilà que les curés qui pratiquent le confesse se plaignent à leurs évêques qui se plaignent à Rome, et les manuels des confesseurs regorgent de conseils aux villageoises pour être fécondes.

Les Françaises dissocient l'acte sexuel de la reproduction. Les Françaises n'ont cessé de progresser, si l'on peut dire, dans les pratiques sexuelles : forte baisse de l'âge moyen au premier rapport sexuel, hausse de l'âge au premier enfant, multiplication des partenaires.

Leur niveau d'éducation augmente aussi, elles sont d'ailleurs mieux reçues aux examens que les garçons, plus travailleuses et, pourtant, elles n'ont toujours pas acquis l'égalité qu'elles méritent sur le marché du travail.

Pourquoi les vieux mâles des années 1980 ont eu de belles retraites ? Parce que les Françaises arrivaient massivement sur le marché du travail et cotisaient pour les hommes qui partaient. Lorsqu'elles sont sur le marché du travail, elles sont, à qualification égale, plus mal payées. Leur taux de chômage est plus fort que celui des hommes : les chômeurs sont plutôt des chômeuses. En plus, elles occupent des temps partiels, des métiers difficiles dans des journées hachées, segmentées, coupées par des trajets. Et cela ne s'arrange pas : en 1990, moins de 23 % de la population active féminine était à temps partiel ; en 2008, à la veille de la crise, c'est plus de 35 %.

Bien entendu, elles font la double journée : au boulot du matin au soir et, le soir, au boulot pour les enfants et le mari ou le compagnon.

Les Françaises veulent que leurs nombreux enfants soient bien élevés. À côté, le père demeure quelque peu immobile, malgré toutes ses revendications de paternité. Peut-être lui faudrait-il un vrai et long congé de paternité, comme en Suède.

Une bonne note tout de même : les retraites des femmes se sont rapprochées de celles des hommes, mais les femmes retraitées gagnent encore moitié moins… Surtout qu'elles vivent plus longtemps, qu'elles ne se remarient pas, tandis que les veufs, eux, se remarient. Ils ne supportent pas la solitude.

Bonjour les jeunes, bonjour les assistés, bonjour les planqués,

Chômage des jeunes, chômage des adultes : trente ans de chômage, trente ans d'échec. L'État a échoué. Mais pourquoi les partenaires sociaux sont-ils impuissants dans cette affaire ?

L'impossible représentativité syndicale : quand on pense aux syndicats, on pense aux syndicats ouvriers. Que représentent-ils ? Rien, 8 % des salariés. Les syndicats français sont encore moins représentatifs que les syndicats américains, les moins représentatifs du monde. Quatre-vingt mille personnes ont défilé dans toute la France pour le 1er mai 2011 sur vingt-six millions d'actifs. Avouez que ce n'est pas terrible…
Pourquoi les salariés ne se syndiquent-ils pas ?
Premièrement, ils ont peur du chômage. Sans doute, le chômage est un chantage à la porte et à la cessation d'activité de l'entreprise. La preuve :

les grèves. La France est un pays qui ne fait plus grève, il y a moins de grèves en France que dans les autres pays d'Europe. Ce n'est pas le parti communiste qui va terroriser les foules aujourd'hui et encore moins les mobiliser. Mais la méfiance du patron reste entière.

Deuxièmement, les syndicats sont bureaucratisés, ils gèrent paisiblement à parité la Sécurité sociale et profitent de la manne publique pour salarier leurs délégués, cela n'incite pas vraiment à recruter des adhérents.

Autre raison majeure : dans un pays où l'État fixe le montant du SMIC, plus, ici ou là, certaines primes imposées aux entreprises, que reste-t-il à négocier aux syndicats ?

Enfin, et si les syndicats n'avaient rien à proposer ? Entendons-nous : ils réclament, ils protestent, ils défendent... très bien. Mais quelles sont leurs actions de formation et de reclassement ? Sans aller jusqu'aux syndicats qui s'impliquent dans des placements d'assurances, ou d'actions, ou qui participent à la reconstruction d'Haïti comme les syndicats canadiens, ne peut-on imaginer une insertion professionnelle plus développée ?

Mais cela, camarades, c'est de l'hyper-réformisme, mieux vaut l'hyper-contestation et là, en France, on est servis. Prenez le terrible conflit des dockers par exemple, les dockers, les aconiers, les débardeurs, les portefaix, les grutiers, tous les costauds divers, ça c'est des métiers pénibles, comme conducteur de métro. Sauf que bientôt, il n'y aura plus de conducteurs de métro. Ce qui veut dire que les syndicats vivent aujourd'hui de la pénibilité du travail et sont incapables de penser le travail de demain. Il leur est impossible de vivre autrement que par la lutte des classes.

Bonjour le peuple, bonjour les élites,

Comment passer du peuple à l'élite de la nation ?

Autrefois, les bourgeois rêvaient de devenir des nobles, on leur vendait des charges. C'était la « savonnette à vilain ». Les rois de France adoraient vendre des offices qui transformaient le bourgeois en nobliaux. On créait des offices de « crieur d'enterrement », ou de « crieur de la vente du cochon », ou d'autres. Cela faisait rentrer de l'argent et le bourgeois était content.

Mais comment faire après la Révolution ? Vous pouvez jouer au loto mais le plus simple est d'utiliser la savonnette à vilain : le grand concours qui fabriquait l'élite de la nation, le concours qui remplit les grands corps de l'État, d'où sortiront la haute administration, les hommes politiques et aussi, plus récemment, les grands chefs d'entreprises.

Qui peut critiquer le concours ? Personne. Le

concours est le modèle même de la méritocratie républicaine. Tel fils de paysan devient instituteur et le petit-fils devient normalien. La France, qui ressemble décidément à la Chine par son centralisme et son autoritarisme, partage avec elle le concept de concours. Sauf que le concours pose deux petits problèmes. D'abord, lorsque l'école primaire ne prépare plus au moule républicain, mais, au contraire, contribue à la séparation des classes sociales, le concours devient très injuste. Ce sont les fils de polytechniciens qui intègrent. Aujourd'hui la probabilité pour un prolétaire de devenir polytechnicien est plus faible qu'autrefois. Ensuite, le concours prépare trop vite au seuil d'incompétence, autrement dit ne rend pas les gens courageux. Vous connaissez la phrase : « Et c'est au cri mille fois répété de "pas d'histoire, surtout pas d'histoire" qu'ils s'élancèrent en avant. »

Tous ces énarques, ces polytechniciens n'ont aucun intérêt à être originaux. Ils passent de cabinet ministériel en cabinet ministériel mais ce ne sont que des étapes dans une carrière qui ne doit jamais être obérée par la moindre prise de risque jusqu'au pantouflage final. La pantoufle : la direction de la grande entreprise où les deniers viennent s'ajouter au pouvoir. La pantoufle est rare et les hauts fonctionnaires sont d'abord affectés au service public, mais le processus de nationalisation-privatisation des années 1980 a permis la constitution d'une élite financière et les Français découvrent avec ahurissement les salaires mirobolant des grands patrons du CAC 40, auxquels s'ajoutent les stock-options, les retraites chapeaux et les diverses primes de départ.

Les Français sont choqués que ce patrimoine industriel qui fut celui de la nation – nationalisé en 1945 par le général de Gaulle, par François Mitterrand en 1981 – soit rétrocédé à des hiérarques, eux-mêmes issus des grands concours. Cela rappelle un peu la distribution de la propriété collective aux oligarques russes.

Bonjour la France d'en bas, bonjour les élites,

L'école républicaine et le concours n'assurent plus la promotion. Que faire ? La savonnette à vilain, l'école, le bac, le concours, tout cela ne savonne plus, ou mal. Voilà donc que le système égalitaire par excellence, le concours, se retourne contre le principe d'égalité cher à nos cœurs. À nouveau, le jeu français à trois personnages se bloque, le jeu cher à Machiavel : le prince, les grands, le peuple. Le peuple se méfie des grands. On a dit, à juste titre, que la victoire du « non » au référendum sur le traité de Lisbonne traduisait une méfiance du peuple vis-à-vis des élites : les hommes politiques, les journalistes, tous majoritairement pour le « oui ». Que faire ? L'idée de l'Institut d'études politiques de Paris est de pratiquer la discrimination positive, de réserver certaines places aux meilleurs des lycées de banlieue. Belle idée qui corrige un peu le faux élitisme et le faux égalitarisme républicain. Mais la France déteste la discrimination positive, la discrimination qui permettrait, par exemple, d'identifier des Français d'origine immigrée. Les statistiques françaises refusent obstinément de classer les Français selon leur origine. Les Français sont français, tous égaux. En France, il existe des mesures de discrimination positive mais les critères ne sont jamais l'appartenance religieuse ou ethnique comme aux États-Unis, ce sont uniquement des critères territoriaux ou socio-économiques. Il y a donc ces conventions ZEP – Zone d'éducation prioritaire – et grandes écoles. Mais la discrimination positive heurte profondément le sentiment égalitaire français et, d'une certaine manière, marque du sceau de l'incompétence ceux qui ont été choisis.

Mais le concours, de la même famille que la concurrence – courir ensemble – fabrique des compétiteurs, des égoïstes, des gens soumis à l'isolement et à la méfiance envers autrui – autrui : les autres compétiteurs. Paradoxalement, le concours ne fait pas des chefs d'entreprises ou d'équipes mus par l'esprit collectif, l'ambition collective, il fabrique des individualistes.

Cela convient assez bien aux gènes des Français mais cela promeut un enseignement axé sur la réussite, le tableau d'honneur, l'excellence pour un ou deux et le bonnet d'âne pour les autres. Un enseignement qui fait douter les élèves d'eux-mêmes n'est pas bon et, surtout, il est discriminatoire. Alors, les Français ont fait exploser le soutien scolaire. C'est un signe que l'école ne va pas bien car les riches Français, conscients que leurs enfants plutôt paresseux ou insouciants seraient de mauvais élèves en France selon les critères de la férule ou du tableau d'honneur, les envoient aux États-Unis. Ils reviennent avec un diplôme, l'esprit de réussite et la langue en plus.

Mais le concours a créé chez nous un grand ami du peuple : le grand intellectuel, le grand intello.

Bonjour les vacanciers, bonjour les syndiqués,

Pour un dialogue social efficace, il faut des syndicats puissants. Impossible de renforcer les syndicats en France. Quel curieux pays où les syndicats ne représentent rien mais bloquent tout !

Quel est le syndicat le plus puissant à côté des dockers ? Le Syndicat du livre. Quel journal ne tremble pas devant le tout-puissant Syndicat du livre qui assure ou refuse la distribution de la presse ? Si vous voulez terroriser un patron de presse, vous lui chuchotez à l'oreille : « Syndicat du livre, Syndicat du livre. » Le dessinateur Plantu disait qu'il pouvait tout dire sauf critiquer le Syndicat du livre. Résultat : une presse deux fois plus chère en France qu'ailleurs, une distribution ruineuse et qui s'effondre. Là aussi, une poignée de syndiqués capables de bloquer un secteur. Le pays le moins syndiqué du monde possède les syndicats les plus puissants du monde, capables de tout arrêter. Le gouvernement s'est efforcé de limiter le blocage, en instituant, notamment, un *service minimum* dans les services publics de transport, mais il s'est efforcé aussi de promouvoir la représentativité syndicale. Ce n'est pas parce qu'il aime les classes laborieuses, les prolos ou les cols-bleus mais parce qu'il pense qu'un syndicalisme puissant peut favoriser le dialogue social. Il pense notamment à l'Allemagne et à sa fameuse *co-gestion* où les syndicats de salariés prennent leur part, dans la réforme sociale, avec les patrons.

Ces pauvres Français ont découvert leur retard en matière de Sécurité sociale en récupérant l'Alsace et la Lorraine en 1918 ; donc vive le dialogue à l'allemande !

Le gouvernement a fait une réforme en 2008 pour promouvoir la représentativité syndicale. Cela n'a rien changé à la position dominante des cinq grands : la CGT, CFDT, FO, CGC, CFTC qui se partagent la gestion de la Sécu et des subventions. Dans l'ensemble, les salariés français ne sont pas représentés, encore moins dans le privé que dans le public ; encore moins dans les petites entreprises que dans les grandes ; encore moins dans l'industrie que dans la banque. Or ce sont les petites entreprises qui recrutent, pas les grandes. Le gouvernement s'est efforcé d'augmenter leur représentativité, mais là c'est le

Medef qui n'en veut surtout pas. La représentativité syndicale c'est les gros, pas les petits. Le Medef a peur de perdre sa position dominante dans les chambres des métiers et d'artisanat, la CGPME n'en veut pas non plus. Haro sur les petits !

Prenez l'économie sociale et solidaire, les associations, les mutuelles, les coopératives, 8 à 10 % du PIB tout de même ; représentation du secteur : zéro.

Bref, comment faire du social sans personne, sauf l'État qui fait les lois ?

Bonjour les frileux, bonjour les planqués de la ligne Maginot,

L'intellectuel est de gauche par définition. Les Français aiment les intellectuels, qui n'aiment pas le libéralisme. Pourquoi ?

C'est la question que se posait un grand sociologue, Raymond Boudon. Sa réponse est simple et cruelle : les intellectuels n'aiment pas le libéralisme parce qu'ils n'aiment pas les lois du marché et ils n'aiment pas ces lois du marché parce que si on laissait jouer ces lois, dit Boudon, ils ne vaudraient pas grand-chose ; en tout cas beaucoup moins que ce qu'ils pensent valoir et ce que leur carrière protégée, à l'abri de la concurrence, leur rapporte, en termes symboliques au moins.

Pourtant, si les autres pays sont libéraux en parole, ils ne le sont pas dans les faits. Les États-Unis ont toujours été protectionnistes et interventionnistes avec une forte dépense publique dans la recherche. La Grande-Bretagne, la patrie du libéralisme, a pratiqué longtemps le commerce le plus totalitaire et anti-concurrentiel qui interdisait, sous peine de mort, à toute marine rivale de venir chez elle ou dans ses colonies. Bravo le libéralisme ! L'Allemagne, pas si bête, a protégé son industrie naissante de la concurrence anglaise et a même eu un théoricien de la chose : Friedrich List. Idem pour la Corée du Sud, le Japon – on pourrait multiplier les exemples. Et aujourd'hui la Chine, qui contrôle sa monnaie, ses marchés publics et les investissements étrangers, qui investit massivement des fonds publics, elle n'est pas très libérale, non ?

En revanche, la France n'est, paraît-il, pas libérale dans les idées, mais souvent dans les faits. C'est Napoléon III qui signe un traité de commerce avec l'Angleterre, contre l'avis des industriels français, les Anglais n'en reviennent pas. C'est la Quatrième République qui crée la CECA, contre l'avis des industriels encore, les Belges et les Allemands n'en reviennent pas. Puis, c'est le traité de Rome, la politique d'alignement du franc sur le mark pratiquée par François Mitterrand : politique monétaire libérale, où on laisse le marché fixer la valeur de la monnaie. Ce ne sont pas les Chinois qui feraient ça, bien trop malins. Politique de rigueur qui épuise notre économie et nous coûte des millions de chômeurs. C'est François Mitterrand qui, magnanime, échange le fardeau de l'euro contre la réunification allemande. Ce ne sont pas les Anglais qui sacrifieraient leur monnaie sur l'autel de l'euro, abandonnant un pan essentiel de la politique économique à une banque étrangère. Garder sa monnaie c'est aussi garder le contrôle de son économie.

Alors qui est le village gaulois, la France ou la Grande-Bretagne ? Qui naturalise plus facilement les immigrants, la France, la Grande-Bretagne ou l'Allemagne ?

C'est la France qui laisse la propriété de ses grandes entreprises aux capitaux étrangers, plus que l'Allemagne ou la Grande-Bretagne. Quel est le pays européen qui exporte le plus de capitaux à l'étranger ? La France. Quel est le pays qui reçoit le plus de capitaux étrangers ? La France.

Les Français sont protectionnistes en parole et libéraux dans les faits, les Anglais c'est l'inverse.

Comme disait ce prix Nobel : « La concurrence c'est bien surtout quand on peut manger les autres. »

Bonjour les retardés, les passéistes, les nostalgiques,

Et si la France rattrapait toujours son retard ? Pauvre France, paysanne quand les autres sont industriels, rurale dans une Europe urbaine, la dernière à liquider son empire colonial, toujours une guerre de retard – on disait que les militaires français préparaient la guerre qu'ils avaient perdue. « Le Français est un paysan taciturne », disait ce président de la République. Non, il est urbain et plutôt gai. Il ne se lave pas ? Faux, les Françaises utilisent beaucoup plus de savon que les Anglaises, enquête très sérieuse.

Et puis, la France rattrape toujours son retard : elle s'endort, se réveille et hop, au galop ! Incroyable retard pour le chemin de fer : que faire ? L'État prend les choses en main et hop, un grand coup et on dépasse les Anglais et les Allemands. Incroyable retard en matière de téléphonie : dans l'entre-deux-guerres un appareil téléphonique pour trois cent cinquante habitants en France contre un pour seize aux États-Unis. Que faire ? Un grand effort de l'État et on rattrape. L'école : la France est en retard sur l'Angleterre et sur l'Allemagne ? Vive l'État, vive la Troisième République, et on dépasse les autres !

Et on pourrait multiplier les exemples. La protection sociale : grand retard, gros effort et on dépasse les autres ! Puis on s'endort sur nos lauriers… Les autoroutes : incroyable retard. Allez, un gros effort et la France devient un pays avec un excellent réseau autoroutier et, hélas, un fret énorme réalisé par les camions.

La France est en avance, souvent. Elle a le meilleur système de santé du monde, on l'a dit. C'est elle qui fait le plus de progrès en matière d'espérance de vie devant l'Allemagne, la Grande-Bretagne, les États-Unis. Cocorico !

Elle a toujours un record de prix Nobel de littérature ; et si, dans les autres disciplines, elle a moins de prix Nobel que les pays anglo-saxons, elle a dépassé la Russie et le Japon ces dernières années.

Tout cela n'a pas d'intérêt, c'est déjà de la statistique de musée, comme le nombre de victoires de Napoléon. S'il fallait choisir en matière de retard, on dirait : la France a un grave retard universitaire et culturel même si sa politique lui permet de conserver un cinéma de qualité.

Elle n'est plus la reine culturelle comme elle le fut au temps des Années folles et du surréalisme, comme elle le fut en 1945, elle attire moins les Ernest Hemingway et les Henry Miller, même si Woody Allen, dans son dernier film, *Midnight in Paris*, lui rend un hommage émouvant.

Mais elle rattrapera son retard : quoi de plus simple que d'attirer les élites du monde quand on en a vraiment envie ? Une politique universitaire généreuse, une politique culturelle originale, une façon de vivre différente… Un pays où les affaires se font surtout pendant le déjeuner de midi ne peut pas être tout à fait mauvais.

Bonjour les ignorants et bonjour les intellos,

La France adore les intellectuels. Le Grand Intellectuel c'est l'élite défendant le Peuple, ou la République, ou la Liberté. L'élitisme républicain a créé cette figure qui n'existe pratiquement qu'en France : le Grand Intellectuel, témoin du monde et de la politique.

Aux États-Unis, un philosophe donne son avis mais cet avis n'a guère plus d'importance que celui d'un chef d'entreprise. En France, le Grand Intellectuel est la crème de l'aristocratie républicaine, le prince de sang ou le duc. Sartre, Barthes, Aron, Derrida, Foucault, Deleuze, Althusser, Michel Serres s'exportent très bien aux États-Unis, il y a un snobisme de l'intellectuel français comme du chef nouvelle cuisine française ou du grand couturier. Sauf que les États-Unis, et l'université américaine, ont cet immense mérite de donner leur chance à des savants ou à des intellectuels qui n'auraient jamais réussi en France.

Prenez René Girard, académicien, ancien élève de l'École des Chartes, professeur de littérature comparée aux États-Unis : c'est sa carrière américaine qui lui a permis d'être connu en France. Jamais, au grand jamais il n'aurait pu être professeur de littérature en France ! Vous n'y pensez pas, l'École des Chartes ! Prenez Philippe Ariès, l'un des plus grands historiens de la démographie, l'un des plus grands historiens français tout court ; collé deux fois à l'agrégation, il est parti aux États-Unis, a été reconnu comme un immense chercheur, a publié en anglais et ensuite a été traduit et reconnu en France.

Michel Onfray, fils d'un ouvrier agricole et d'une femme de ménage, la méritocratie républicaine pur sucre : pas de concours, donc pas de possibilité d'enseigner à l'université. Donc, il a créé sa propre université et il a écrit des livres lus par des centaines de milliers de lecteurs.

On dit que la France a de grands intellectuels parce qu'elle n'a pas de grands savants ; ce n'est pas tout à fait faux. Elle a moins de savants en physique et en chimie que les Allemands parce que la physique et la chimie exigent du matériel, des rapports étroits avec l'industrie. En revanche, l'intello, lui, n'a besoin que d'un crayon et d'un papier, comme le mathématicien, d'un crayon, d'un papier et de neurones ; c'est pourquoi la

France a toujours eu de très grands mathématiciens. Aujourd'hui encore, de nombreuses médailles Fields, des prix Nobel de mathématiques.

N'importe qui doté d'un peu de talent, un écrivain, un journaliste, peut être recruté dans une université américaine et personne en France ! C'est en train de changer. Là encore, le poids du concours reste catastrophique.

Regardez la migration des chercheurs après la chute du Mur ; prenez les Russes, avec leur vieille culture francophile, où sont-ils allés ? Pas chez nous.

L'université est en train de bouger, tant mieux, mais elle a toujours été réactionnaire, conservatrice. C'est pour cette raison que François I$^{er}$ avait créé le Collège de France, pour enseigner des disciplines que l'université ignorait.

Bonjour les bronzés, les reposés,

Les Français sont-ils plus malheureux que les autres ?

Les Français sont accros aux RTT, aux grandes vacances, aux jours fériés, aux ponts… Quelle fable !

Les Français travaillent intensément, ils sont très productifs. Ils partent moins en RTT qu'il y a dix ans.

Ils sont vaniteux, arrogants, râleurs, prétentieux, toujours prêts à se dénigrer et à dénigrer leur beau pays alors qu'ils n'en pensent pas moins, ce sont de faux modestes, etc.

Tout cela est évidemment archifaux, c'est colporté par les faiseurs de clichés. Les Français ne critiquent pas plus leur patrie que les Espagnols ou les Anglais. En parlant de clichés sur les Français, il y a celui de l'argent. Les Français n'aiment pas l'argent, ils n'aiment pas en parler, ils n'aiment pas le montrer. « Argent-caca », comme dirait Sigmund Freud. Et nos faiseurs de culpabilité d'invoquer le vieux fonds catholique ; ce qui est stupide : les Italiens, les Irlandais n'ont aucun complexe avec l'argent, les Kennedy, richissimes, étaient catholiques et la fille aînée de l'Église, la France, a connu beaucoup d'hommes cupides. Richelieu était l'homme le plus riche de son temps et Racine l'un des plus cupides. L'ostentation se porte bien chez nous, regardez circuler les Ferrari.

Cette calembredaine des Français qui n'aiment pas l'argent est faite pour excuser ceux qui la colportent, qui en ont beaucoup et n'ont pas envie que l'on y touche. Or, les Français sont égalitaires dans l'âme et qui dit égalité dit redistribution. La fable des Français qui n'aiment pas l'argent, bien commode, est tout simplement destinée à éviter la redistribution.

Au pays de Danton, Robespierre, Lamartine, Jaurès, de Gaulle, on n'aime pas trop l'inégalité.

Une chose nous inquièterait un peu, c'est le suicide. La France a un record en matière d'utilisation de psychotropes et son taux de suicide est fort, presque le triple du taux anglais, plus fort que celui des Suédois. Peut-être que notre pays est trop actif, trop pressé justement, contrairement à la légende. Peut-être que l'excès d'individualisme entraîne l'excès de solitude. Et puis, la France paye son espérance de vie car le suicide affecte les vieux, les vieux hommes. La France reste un pays rural, c'est son charme, mais la ruralité a aussi un impact sur le suicide. Il y a certainement des efforts à faire au pays du meilleur système de santé.

Enfin, les élites n'encouragent jamais les Français : « la France qui tombe », « la France a-t-elle un avenir ? », « mélancolie française », « souffrance en France », « le malheur français »... On ne compte plus les livres qui dénigrent et culpabilisent les Français. En 1940, les élites rejetèrent sur le peuple leur propre incompétence et leur culpabilité, ce fut une faute majeure. Le temps a passé, avec 1 % de la population mondiale, la France ne peut plus espérer dominer le monde. Mais elle peut inventer un modèle, un modèle universel car elle rêvera toujours d'universalité. En tout cas, elle demeure unique.

Allez, souriez, vous êtes français.

Bonjour les Français, bonjour les tortues qui rattrapent toujours leur retard,

« La France ne peut exister sans la grandeur », disait de Gaulle.

C'est quoi la grandeur ? Napoléon ou Picasso ? Mangin ou Chagall ? Leclerc ou Samuel Beckett ? Les deux, mon Général ! C'est le musée qui est parfois le musée des horreurs, comme la saignée de 1914 et c'est *la vie devant soi* disait Émile Ajar *alias* Romain Gary. La grandeur, ce fut d'abord la puissance démographique ; et la France fut une grande puissance, la plus peuplée d'Europe et de très loin, face à de petites principautés peu peuplées. La France fut la Chine de l'Europe. Puis sa révolution silencieuse, la révolution de l'enfant unique, la fit passer derrière l'Allemagne et la Grande-Bretagne. Tout change à nouveau : en 2050, dans deux générations, la France sera plus peuplée que l'Allemagne mais elle restera un nain comparée aux grandes puissances du moment, la Chine et l'Inde.

Qu'est-ce que la grandeur ? La force de l'exemple, les droits de l'homme, la liberté ?

« Dieu est si haut et la France est si loin », disaient les Polonais. La France aurait peut-être quelques leçons à recevoir en matière de libertés individuelles et de droits. Peut-être est-elle moins accueillante qu'autrefois, sans doute réussit-elle moins à intégrer les gens. Selon que vos parents sont maghrébins ou non, vous serez chômeur ou non. La France, dans les pays de l'OCDE, reste le pays où les résultats scolaires sont le plus directement corrélés avec l'origine socio-économique.

On est loin de la France des Lumières. Pourtant, les talents artistiques, économiques viennent encore en France et les réussites de la population d'origine maghrébine sont innombrables. Les dirigeants d'entreprises étrangères considèrent la France comme attractive à cause de l'efficacité de son administration. Oui ! Si vous regardez l'évolution des temps d'attente pour un passeport, une carte d'identité ou au guichet de la poste, eh bien ils se sont effondrés.

Internet ? Les Français sont plus connectés que les Allemands et les Anglais.

À cause de ses infrastructures de transport aussi. Ce ne sont pas les lois Defferre qui ont réussi la décentralisation, elles ont plutôt créé de la bureaucratie qui s'est ajoutée à la bureaucratie centrale, c'est le TGV. Du coup, la province méprisée – province ça veut dire *pays vaincu*, ne jamais l'oublier – se refait une beauté tandis que Paris demeure une ville sale, bruyante, stressante et inaccessible parce que l'argent de la spéculation en chasse les habitants.

Quels sont les étudiants européens qui utilisent le plus le programme Erasmus ? Les Français. Pas si casaniers que cela, les Français.

Vous me direz : mais cette manie de l'État d'intervenir dans l'économie ? Rassurez-vous, le pays qui nomme les patrons, c'est encore la Chine. Décidément, entre les forts Vauban, la ligne Maginot d'un côté et la Grande Muraille de l'autre, les concours et les mandarins ici et là, on ressemble beaucoup aux Chinois.

Allez, souriez, vous êtes français et, en plus, vous rentrez bronzés.

# Postface

J'adorais voir mon père travailler dans son bureau, jusque tard, le soir. Parfois, il préparait les chroniques ici rassemblées, souvenirs de ces jours et de ces nuits où tout était encore joyeux et possible.

Ma chambre s'ouvrait juste à côté de son bureau, je voyais sa lampe toujours allumée jusqu'à ce que je m'endorme, rassuré par sa présence. Son humour, sa jovialité, son goût pour la littérature, la connaissance, son immense culture transparaissent dans ces chroniques qui ont enchanté beaucoup d'auditeurs de France Inter et participé à la qualité de ces  courts moments consacrés à l'économie.

Mon père, universitaire et économiste reconnu, savait aborder l'économie de manière totalement différente et décalée et la rendre intelligible à tous, quand tant d'autres sont incapables de s'écarter de la doxa et de s'extraire d'un discours convenu et compassé, une des seules choses capables de le mettre vraiment en colère. Bernard Maris était un esprit libre, capable de débattre de tout avec une intelligence rare, aucun sujet ne le rebutait car il était curieux de tout, et sa curiosité insatiable.

Je tiens à évoquer la place occupée dans mon cœur par les livres de mon père, car sa bibliothèque c'était lui et lui était aussi sa bibliothèque, ils sont indissociables dans mon souvenir. Tolstoï, Dostoïevski, Michelet, Proust, Tocqueville, Kafka, Virginia Woolf et tant d'autres, amis pour toujours, même si je ne les ai pas encore tous lus. Mon père m'a donné le goût des livres, plus encore, le goût de la compagnie des livres et des écrivains. Cette bibliothèque était pour moi une caverne d'Ali Baba, un trésor auquel je n'avais pas encore complètement accès, mais que je saurais mériter avec le temps et quelques efforts.

Bernard Maris adorait la radio dans laquelle il se reconnaissait davantage, je pense, que dans la télévision, sans doute parce qu'il n'avait pas à y gérer son image. De fait, la voix, le contenu des propos y demeurant les seuls vecteurs de la transmission, l'émotion y est plus perceptible.

J'aimerais aussi rendre hommage aux personnes qui l'entouraient à la radio ou dans la vie, étaient devenues ses amis et partageaient son enthousiasme et sa libre parole ; je ne citerai pas de noms, au risque d'en oublier, mais je sais qu'ils (elles) se reconnaîtront.

La mort de mon père a évidemment été tragique pour moi, survenant à un moment où, grand adolescent ou jeune adulte, j'avais d'autant plus besoin de lui que notre relation était parvenue à une sorte de miracle d'équilibre, d'affection, d'échanges, de confiance… Nos voyages, nos rêves de voyage, notre passion commune pour les ciels étoilés et l'astronomie en témoignent.

La haine, l'obscurantisme, la bêtise, la connerie me l'ont pris, soit tout ce qu'il m'avait appris à combattre et à fuir !

Il est mort, au milieu de beaucoup d'autres esprits libres ce jour du 7 janvier 2015, mais nous pouvons relire ou réentendre ses chroniques et pour nous tous qui l'aimions, sa voix comme sa plume demeurent présentes.

Comberouger, le 15 mars 2016
Raphaël Maris.

# Notes

1. Notes de Malraux à l'ouvrage de Gaëtan Picon, *Malraux par lui-même*, Seuil, 1953, p. 78-80, note 30.

2. Polly Toynbee, « France, ce magnifique pays d'assistés », article paru dans *The Guardian* et traduit dans *Courrier international*, 28 avril 2011.

3. François Chérèque, *Patricia, Romin, Nabila et les autres*, Albin Michel, 2011.

Mise en pages PCA
44400 Rezé

Cet ouvrage a été imprimé en France par
Grafica Veneta
pour les Éditions Grasset
en avril 2016

N° d'édition : 19382
Dépôt légal : mai 2016
*Imprimé en France*

www.ingramcontent.com/pod-product-compliance
Lightning Source LLC
Chambersburg PA
CBHW071258180125
20583CB00015B/1190